小跳豆 Jumping Bean 幼兒自理故事系列

我會早睡早起

U0111536

新雅文化事業有限公司
www.sunya.com.hk

小跳豆
幼兒自理故事系列

跟着跳跳豆和糖糖豆一起學習照顧自己！

自理能力，是指憑自己的能力來獨立完成事情。在孩子學習自理的過程中，不單是訓練他們的日常生活技能，也是培養他們的責任感和自信心。因此，家長要懂得適時放手，相信孩子的能力，而且要把握關鍵的時機，在2至3歲開始教導孩子基本的自理能力，讓他們不再依賴。

《小跳豆幼兒自理故事系列》共6冊，由跳跳豆和糖糖豆透過貼近生活的圖畫故事，帶領孩子一起學習自己進食、刷牙、上廁所、收拾玩具，並養成良好的作息和主動做功課的習慣，提高孩子對各種自理能力的認識及實踐的動機。

書後設有「親子小遊戲」，以有趣的形式培養和鞏固孩子的自理能力。「自理小貼士」提供一些實用性建議予家長，有效幫助孩子養成良好習慣。

在孩子學習自理的過程中，難免會遇到困難，家長可以耐心地鼓勵他們嘗試自己解決，讓他們有進步的空間，在面對困難和挫折中學會成長。

新雅・點讀樂園 **升級**功能

讓親子閱讀更有趣！

本系列屬「新雅點讀樂園」產品之一，若配備新雅點讀筆，爸媽和孩子可以使用全書的點讀和錄音功能，聆聽粵語朗讀故事、粵語講故事和普通話朗讀故事，亦能點選圖中的角色，聆聽對白，生動地演繹出每個故事，讓孩子隨着聲音，進入豐富多彩的故事世界，而且更可錄下爸媽和孩子的聲音來說故事，增添親子閱讀的趣味！

「新雅點讀樂園」產品包括語文學習類、親子故事和知識類等圖書，種類豐富，旨在透過聲音和互動功能帶動孩子學習，提升他們的學習動機與趣味！

想了解更多新雅的點讀產品，請瀏覽新雅網頁(www.sunya.com.hk)或掃描右邊的QR code進入 新雅・點讀樂園 。

如何使用新雅點讀筆閱讀故事？

1. 下載本故事系列的點讀筆檔案

① 瀏覽新雅網頁(www.sunya.com.hk) 或掃描右邊的QR code 進入  新雅・點讀樂園 。

② 點選 下載點讀筆檔案 ▶ 。

③ 依照下載區的步驟說明，點選及下載《小跳豆幼兒自理故事系列》的點讀筆檔案至電腦，並複製至新雅點讀筆的「BOOKS」資料夾內。

2. 啟動點讀功能

開啟點讀筆後，請點選封面右上角的 新雅・點讀樂園 圖示，然後便可翻開書本，點選書本上的故事文字或圖畫，點讀筆便會播放相應的內容。

3. 選擇語言

如想切換播放語言，請點選內頁右上角的 粵☆普 圖示，當再次點選內頁時，點讀筆便會使用所選的語言播放點選的內容。

4. 播放整個故事

如想播放整個故事，請直接點選以下圖示：

5. 製作獨一無二的點讀故事書

爸媽和孩子可以各自點選以下圖示，錄下自己的聲音來說故事！

1️⃣ 先點選圖示上 爸媽錄音 或 孩子錄音 的位置，再點 OK，便可錄音。

2️⃣ 完成錄音後，請再次點選 OK，停止錄音。

3️⃣ 最後點選 ▶ 的位置，便可播放錄音了！

4️⃣ 如想再次錄音，請重複以上步驟。注意每次只保留最後一次的錄音。

「跳跳豆，快起牀吧！
要不上學又要遲到了！」
大清早，媽媽便叫喚跳跳豆起牀，
但跳跳豆遲遲不肯起來。

結果，跳跳豆上學又遲到了。
上課的時候，他呵欠連連，
甚至睡着了，還流口水呢！
惹得同學們哈哈大笑。

放學後，跳跳豆告訴媽媽：
「我很不開心，我不想上學了。」
媽媽問明白原因後，對跳跳豆説：
「你要養成早睡早起的好習慣，
那就不會上課時打瞌睡了。」

11

於是，爸爸、媽媽和跳跳豆
一起設計了一個作息時間表，
定下了日間各種活動的時間，
還包括每天早上起牀和晚上
睡覺的時間。

這天晚上，睡覺時間到了，
跳跳豆乖乖地爬上牀後，
媽媽給他説了一個晚安故事，
然後就把房間內的燈關上，
讓他睡覺。

可是當媽媽關上房門後，
跳跳豆便偷偷起來了。
他把玩具拿到牀上，想和布偶們
一起開派對呢！

第二天早上，
當媽媽叫喚跳跳豆時，
他又不願意起牀了。

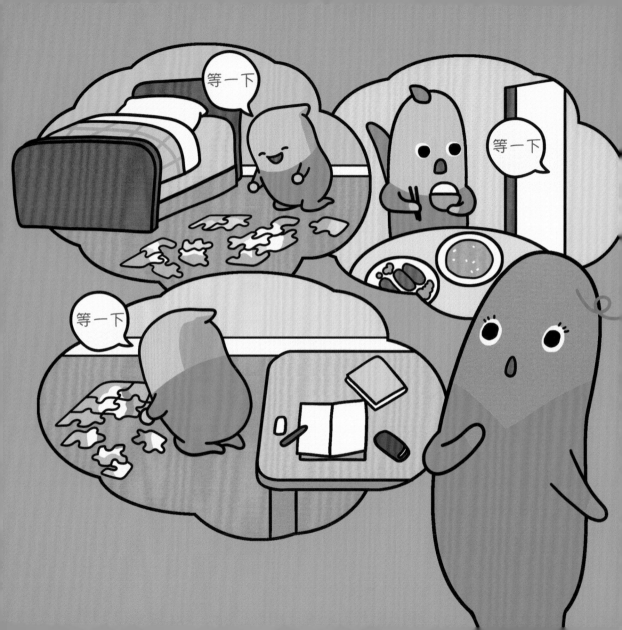

後來，媽媽發現跳跳豆
每天放學回家後，
做什麼都要等一下，
吃午飯要等一下，
做功課也要等一下，
結果常常推遲了午睡時間。
所以，到了晚上他就不想睡了。

那麼跳跳豆說「等一下」的時候
到底在做什麼呢？
原來跳跳豆很喜歡玩拼圖，
一玩就停不下來，
但又不夠時間把整幅拼圖完成，
所以他一有時間
便東拼一塊，西拼一塊。

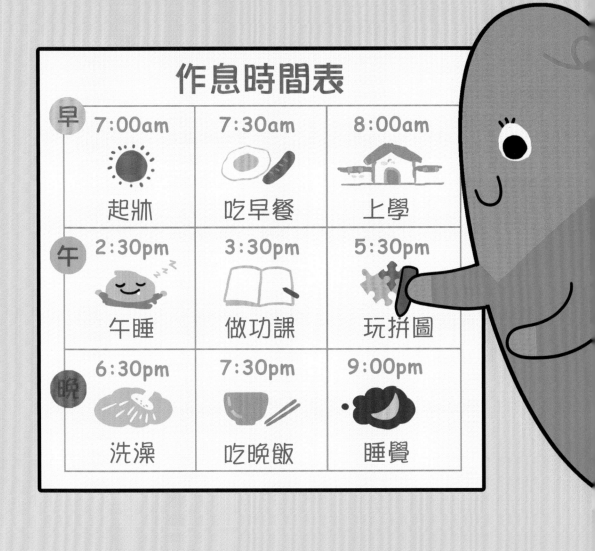

於是，媽媽為跳跳豆
重新設計作息時間表，
讓跳跳豆每天都有一節
「玩拼圖」時間，
而且如果跳跳豆在其他事情上
比預期完成得快，
就可以把「玩拼圖」時間加長。

跳跳豆努力每天試着
按作息時間表來活動，
他每天都十分期待
「玩拼圖」時間，
慢慢地，跳跳豆在早上
不再賴牀了。

媽媽説跳跳豆已經長大，
現在學會早睡早起，
有更多時間做自己喜歡的事情。
然後媽媽給跳跳豆送上
一盒拼圖遊戲來獎勵他。
跳跳豆開心極了！

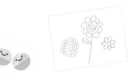

親子小遊戲

小朋友，你知道晚上睡覺前不應該做哪些事情嗎？請看看以下圖畫，如圖中的跳跳豆或糖糖豆做得不正確，請在 ☐ 裏加 **✗** 。

A.

刷牙 ☐

B.

玩得太興奮 ☐

C.

跟媽媽說晚安 ☐

D.

只顧玩耍，不願睡覺 ☐

答案：B, D

自理小貼士

早睡早起精神好！

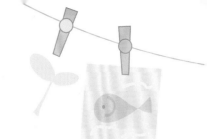

🫘 與孩子一起製作「作息時間表」，幫助孩子建立有規律的生活習慣，讓他知道進行哪些活動後就是睡覺時間了。

🫘 孩子在不同成長階段對睡眠的需求不一樣。如果父母發覺孩子到了睡覺時間仍是睡不着，就可能要檢視和調校孩子日間的作息時間，例如午睡時間的長短。

🫘 睡前故事時間是一個理想的活動，可以幫助孩子放鬆心情，更易入睡。但要避免閱讀一些情節太緊張刺激的故事，以免孩子太投入故事而不能收拾心情睡覺，甚至因太興奮而做噩夢。

🫘 如果孩子怕黑，可在孩子的房間添置一盞小夜燈，有助孩子放鬆安睡。

🫘 父母應以身作則，戒除賴牀或在深夜活動的習慣，為孩子樹立早睡早起的好榜樣。

小跳豆幼兒自理故事系列
我會早睡早起

原著：楊幼欣

改編：新雅編輯室

繪圖：李成宇

責任編輯：趙慧雅

美術設計：陳雅琳

出版：新雅文化事業有限公司

香港英皇道499號北角工業大廈18樓

電話：(852) 2138 7998

傳真：(852) 2597 4003

網址：http://www.sunya.com.hk

電郵：marketing@sunya.com.hk

發行：香港聯合書刊物流有限公司

香港荃灣德士古道220-248號荃灣工業中心16樓

電話：(852) 2150 2100

傳真：(852) 2407 3062

電郵：info@suplogistics.com.hk

印刷：中華商務彩色印刷有限公司

香港新界大埔汀麗路36號

版次：二〇二一年三月初版

二〇二三年六月第三次印刷

ISBN: 978-962-08-7573-1

© 2021 Sun Ya Publications (HK) Ltd.

18/F, North Point Industrial Building, 499 King's Road, Hong Kong

Published in Hong Kong SAR, China

Printed in China